shule - shkolla 2
usafiri - udhëtim 5
usafiri - transport 8
jiji - qytet 10
mazingira - peisazh 14
mgahawa - restorant 17
dukakuu - supermarket 20
vinywaji - pije 22
chakula - ushqim 23
shamba - fermë 27
nyumba - shtëpi 31
sebuleni - dhomë ndenjeje 33
jikoni - kuzhinë 35
bafu - tualet 38
chumba ya mtoto - dhomë fëmijësh 42
nguo - veshje 44
ofisi - zyrë 49
uchumi - ekonomi 51
kazi - profesionet 53
zana - mjete 56
ala za muziki - instrumenta muzikorë 57
bustani ya wanyama - kopsht zoologjik 59
michezo - sportet 62
shughuli - aktivitet 63
familia - familje 67
mwili - trupi 68
hospitali - spital 72
dharura - emergjencë 76
dunia - toka 77
saa - orë 79
wiki - javë 80
mwaka - vit 81
maumbo - forma 83
rangi - ngjyra 84
kinyume - të kundërta 85
nambari - numra 88
lugha - gjuhët 90
ambao / nini / jinsi - kush / çfarë / si 91
wapi - ku 92

AF284861

Impressum
Verlag: BABADADA GmbH, Nedderfeld 112 , 22529 Hamburg
Geschäftsführer / Verlagsleitung: Harald Hof
Druck: Books on Demand GmbH, In de Tarpen 42, 22848 Norderstedt

Imprint
Publisher: BABADADA GmbH, Nedderfeld 112 , 22529 Hamburg, Germany
Managing Director / Publishing direction: Harald Hof
Print: Books on Demand GmbH, In de Tarpen 42, 22848 Norderstedt

shule
shkolla

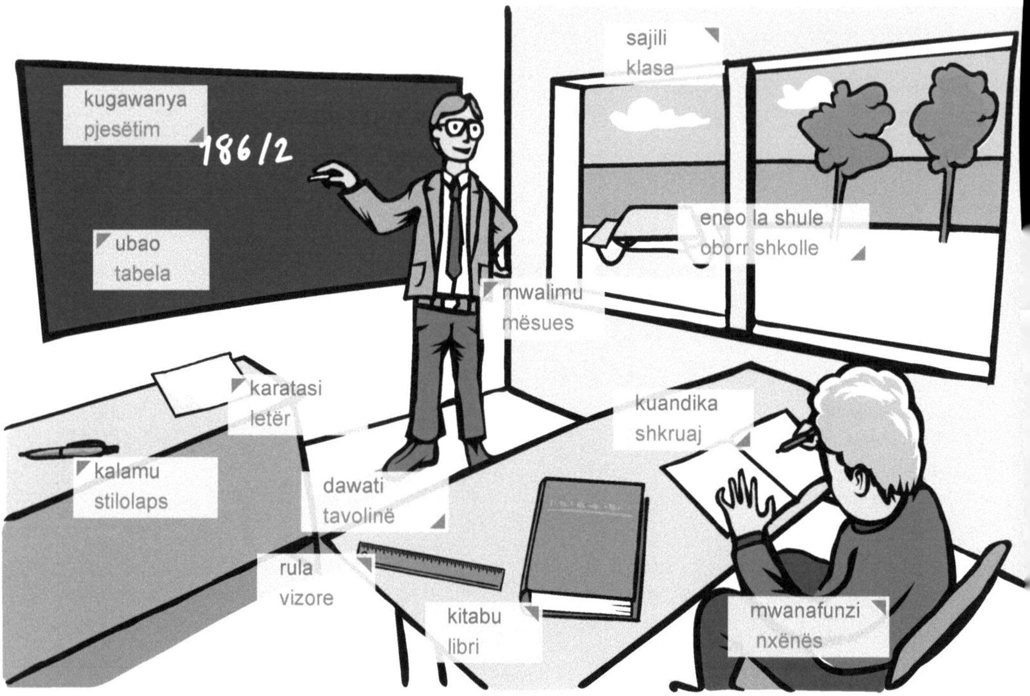
sajili
klasa
kugawanya
pjesëtim
186/2
ubao
tabela
eneo la shule
oborr shkolle
mwalimu
mësues
karatasi
letër
kuandika
shkruaj
kalamu
stilolaps
dawati
tavolinë
rula
vizore
kitabu
libri
mwanafunzi
nxënës

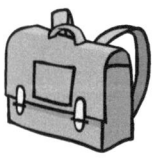

mkoba

çantë

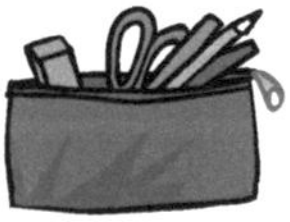

kikasha cha penseli

mbajtëse lapsash

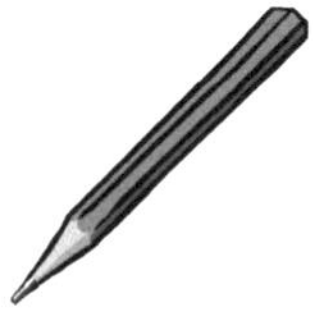

penseli

laps

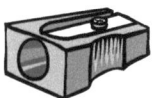

kichonga penseli

mprehës lapsash

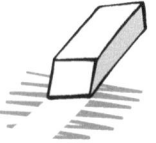

mpira

gomë

pedi ya kuchora

fletore vizatimi

uchoraji

vizatim

brashi ya rangi

penel

sanduku la rangi

kuti bojërash

mkasi

gërshërë

gundi

ngjitës

daftari

fletore detyrash

kazi ya nyumbani

detyrë shtëpie

nambari

numër

jumlisha

mbledh

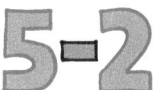

ondoa

zbres

zidisha

shumëzoj

kokotoa

llogaris

barua

gërmë

alfabeti

alfabeti

neno

fjalë

maandishi

tekst

kusoma

lexoj

chaki

shkumës

somo

mësim

sajili

regjistër

uchunguzi

provim

cheti

çertifikatë

sare za shule

uniformë shkolle

elimu

arsimim

elezo

enciklopedia

chuo kikuu

universitet

darubini

mikroskop

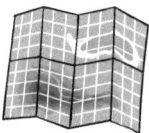

ramani

hartë

kikapu cha kuweka karatasi chafu

kosh letrash

usafiri
udhëtim

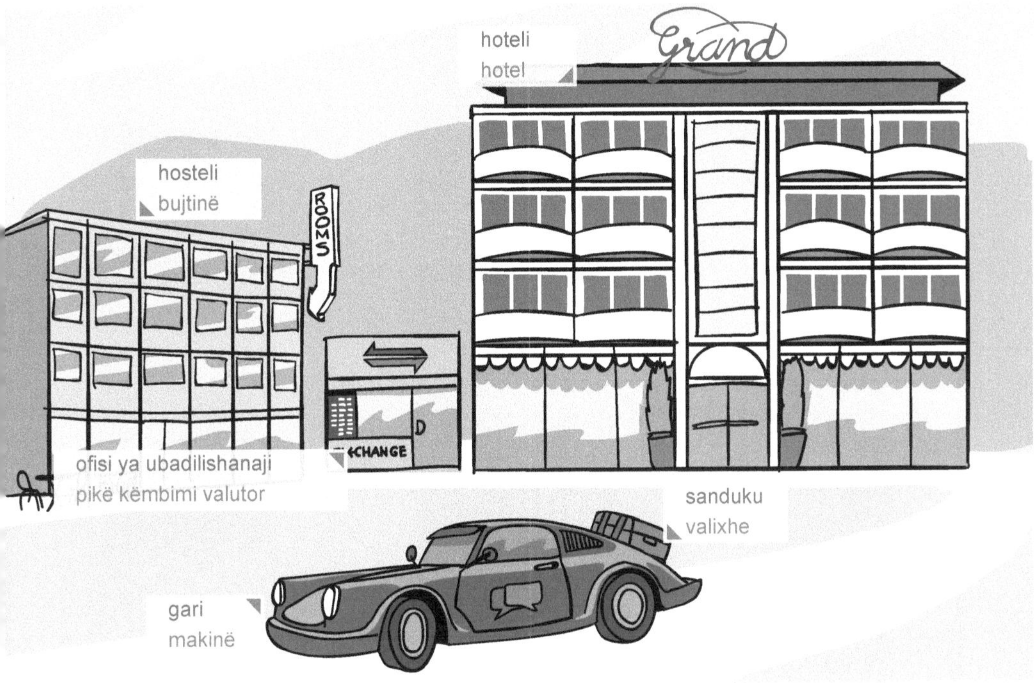

Grand
hoteli
hotel
hosteli
bujtinë
ROOMS
CHANGE
ofisi ya ubadilishanaji
pikë këmbimi valutor
sanduku
valixhe
gari
makinë

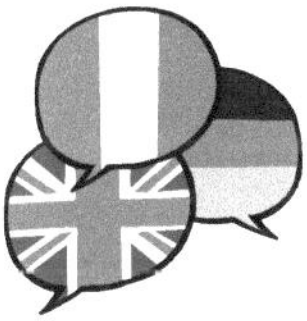

lugha

gjuhë

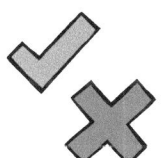

ndiyo / la

po / jo

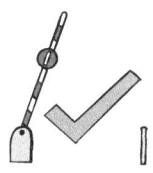

sawa

Në rregull

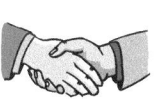

hujambo

ç'kemi

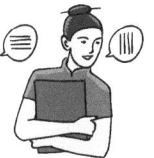

mtafsiri

përkthyes

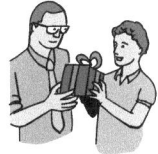

Asante

Faleminderit

kiasi gani ni ...?

sa kushton...?

Sielewi

nuk e kuptoj

tatizo

problem

Jioni njema!

Mirëmbrëma!

Habari za asubuhi!

Mirëmëngjes!

Usiku mwema!

Natën e mirë!

kwa heri

mirupafshim

mwelekeo

drejtim

mizigo

bagazhet

mfuko

çantë

shanta

çantë shpine

mgeni

mysafir

chumba

dhomë

begi la kulalia

thes gjumi

hema

tendë

taarifa ya utalii

informacion për turistët

ufuo

plazh

kadi

kartë krediti

kifunguakinywa

mëngjes

chakula cha mchana

drekë

chakula cha jioni

darkë

tiketi

Biletë

kuinua

ashensor

muhuri

pulla

mpaka

kufi

mila

doganë

ubalozi

ambasadë

visa

vizë

pasipoti

pasaportë

usafiri - udhëtim

usafiri
transport

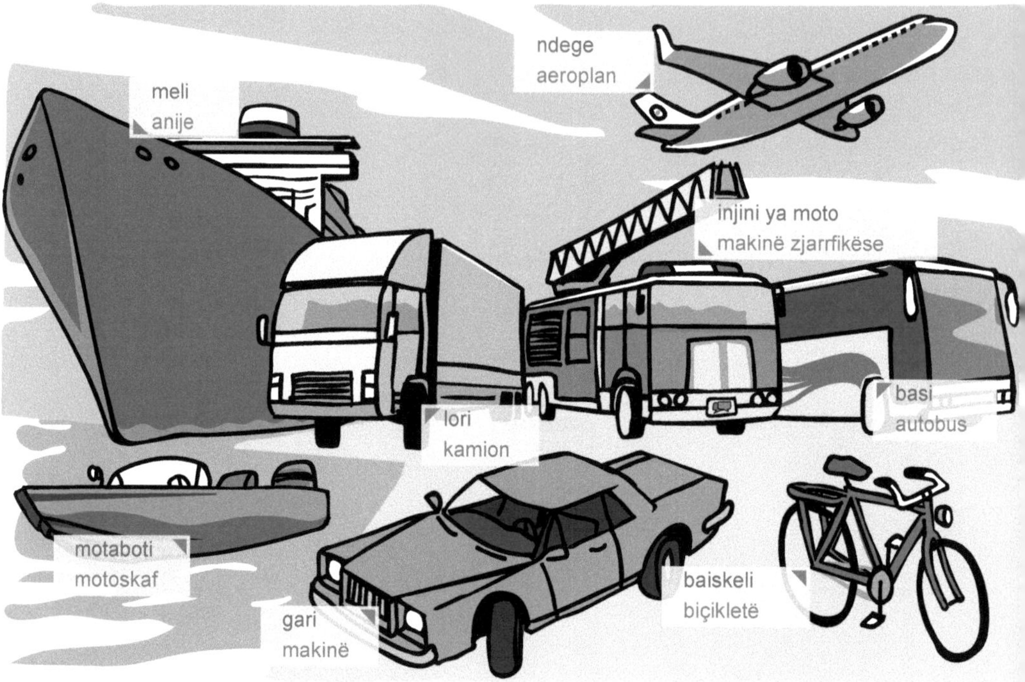
ndege
aeroplan
meli
anije
injini ya moto
makinë zjarrfikëse
basi
autobus
lori
kamion
motaboti
motoskaf
baiskeli
biçikletë
gari
makinë

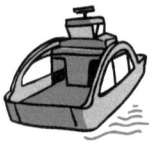

feri

traget

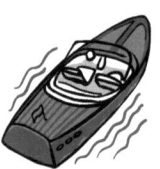

mashua

varkë

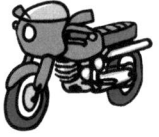

pikipiki

motoçikletë

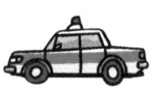

gari la polisi

makinë policie

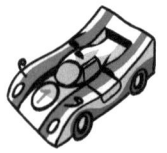

gari la mashindano

makinë garash

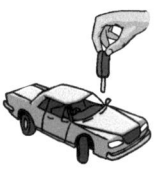

gari la kukodisha

makinë me qira

kushiriki gari

ndarje e qirasë së makinës

lori la kuvuta

karroatrec

ukusanyaji taka

makinë plehrash

motor

motor

mafuta

benzinë

kituo cha mafuta

pikë karburanti

ishara trafiki

sinjalistikë trafiku

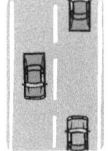

trafiki

trafik

msongamano

bllokim trafiku

maegesho

parkim makinash

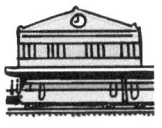

kituo cha treni

stacion treni

reli

trase

garimoshi

tren

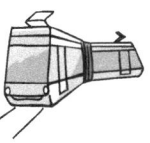

tremu

tramvaj

gari la mizigo

karro

helikopta

helikopter

uwanja wa ndege

aeroport

mnara

kullë

abiria

pasagjer

chombo

kontenier

katoni

kuti kartoni

mkokoteni

qerre

kikapu

shportë

ondoka

ngrihem / ulem

jiji

qytet

kijiji

fshat

katikati ya jiji

qendra e qytetit

nyumba

shtëpi

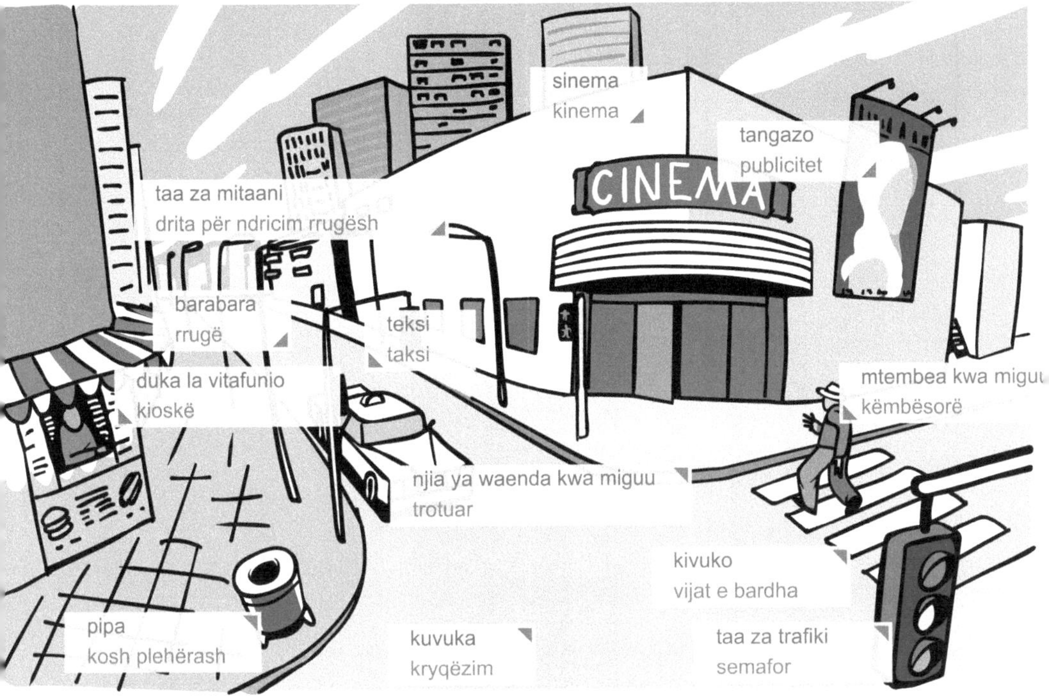

sinema
kinema

tangazo
publicitet

taa za mitaani
drita për ndricim rrugësh

barabara
rrugë

teksi
taksi

duka la vitafunio
kioskë

mtembea kwa miguu
këmbësorë

njia ya waenda kwa miguu
trotuar

kivuko
vijat e bardha

pipa
kosh plehërash

kuvuka
kryqëzim

taa za trafiki
semafor

kibanda

kasolle

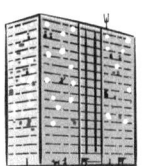

gorofa

apartament

kituo cha treni

stacion treni

ukumbi wa mji

bashki

Makavazi

muze

shule

shkolla

chuo kikuu

universitet

benki

bankë

hospitali

spital

hoteli

hotel

duka la dawa

farmaci

ofisi

zyrë

duka la kitabu

librari

duka

dyqan

duka la maua

dyqan lulesh

dukakuu

supermarket

soko

market

idara ya kuhifadhi

mapo

mwuza samaki

dyqan peshku

kituo cha ununuzi

qëndër tregtare

bandari

port

Hifadhi

park

benki

stol

daraja

urë

vidato

shkallë

chini ya ardhi

metro

handaki

tunel

kituo cha mabasi

stacion autobuzi

bar

bar

mgahawa

restorant

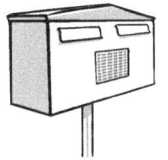

sanduku la posta

kuti postare

ishara ya barabara

sinjalistikë rrugore

mita ya maegesho

kohëmatës parkimi

bustani ya wanyama

kopsht zoologjik

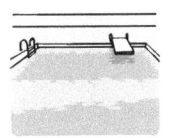

kidimbwi cha kuogelea

pishinë

msikiti

xhami

shamba
fermë

uchafuzi
ndotje

makaburini
varrezë

kanisa
kishë

uwanja wa michezo
shesh lojërash

hekalu
tempull

mazingira

peisazh

jani
gjethe

ishara ya mwelekeo
tabela orientuese

njia
rrugë

malisho
livadh

jiwe
gurë

mtembeaji wa masafa
ekskursionist

mti
pemë

mto
lumë

nyasi
bar

ua
lule

bonde

luginë

kilima

kodër

ziwa

liqen

msitu

pyll

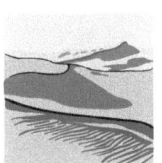

jangwa

shkretëtirë

volkano

vullkan

ngome

kështjellë

upinde wa mvua

ylber

uyoga

kepudhë

mtende

palmë

mbu

mushkonjë

kuruka

mizë

chungu

milingonë

nyuki

bletë

buibui

merimangë

mende

brumbull

chura

bretkosë

kuchakuro

ketër

nungunungu

iriq

sungura

lepur

bundi

buf

ndege

zog

swan

mjellmë

nguruwe mwitu

derr i egër

kulungu

dre

aina ya kongoni

dre brilopatë

bwawa

digë

tabo ya upepo

turbinë ere

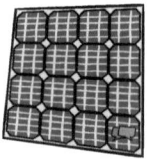

nishaji ya jua

panel diellor

hali ya hewa

klimë

mgahawa
restorant

mhudumu
kamarier
menyu
menu
kiti
karrige
supu
supë
piza
pica
vilia
set ngrënieje
kitambaa cha mezani
mbulesë tavoline

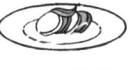

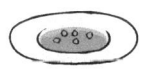

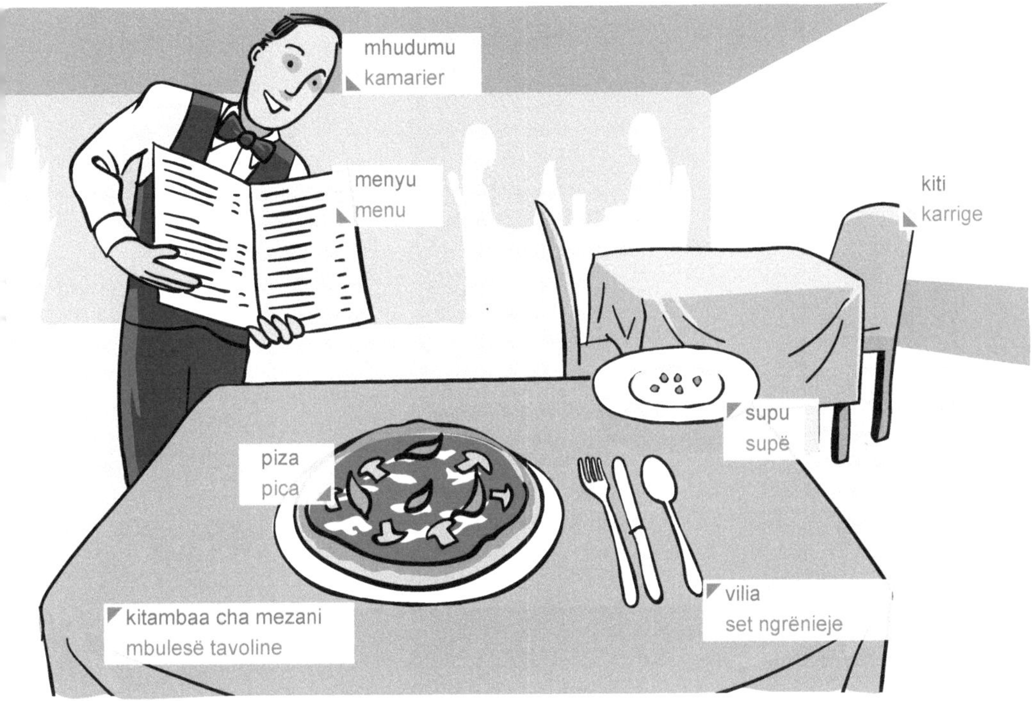

kiamsha hamu

pjatë e parë

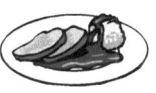

kozi kuu

pjatë kryesore

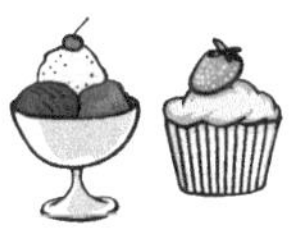

kitindamlo

ëmbëlsirë

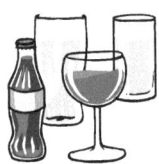

vinywaji

pije

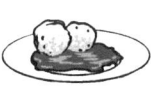

chakula

ushqim

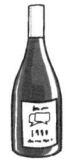

chupa

shishe

chakula cha haraka

ushqim i shpejtë

Streetfood

ushqim i shërbyer në rrugë

buli

ibrik çaji

kisanduku cha sukari

kuti sheqeri

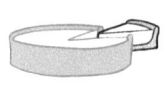

sehemu

racion

mashine ya espresso

makinë kafeje ekspres

kiti kirefu

karrige e lartë

muswada

faturë

trei

tabaka

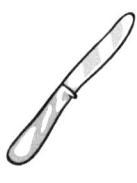

kisu

thika

uma

pirun

kijiko

lugë

kijiko cha chai

lugë çaji

nepi

pecetë

glasi

gotë

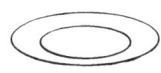

sahani

pjatë

sahani ya supu

pjatë supe

sufuria

pjatë filxhani

mchuzi

salcë

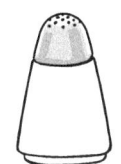

kichanyaji chumvi

mbajtëse kripe

kinu cha pilipili

mulli piperi

siki

uthull

mafuta

vaj

viungo

erëza

kechapu

keçap

haradali

mustardë

kachumbari nzito

majonezë

dukakuu

supermarket

ofa maalum
ofertë speciale
FOR
mteja
klient
maziwa
produkte bulmeti
matunda
frut
toroli
karrocë pazari

BUTCHERS

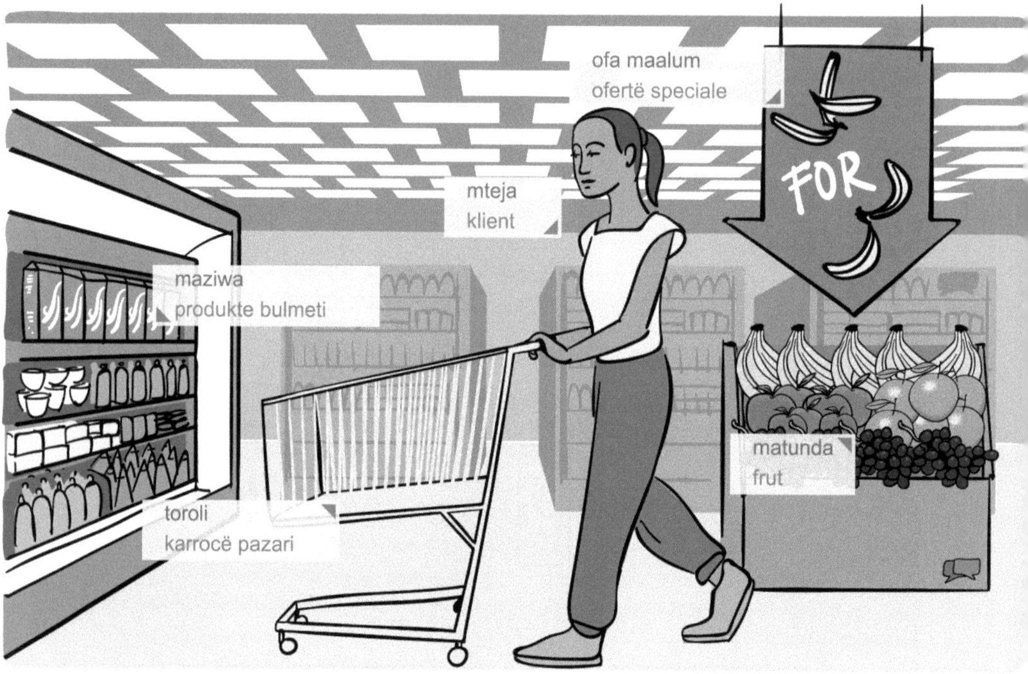

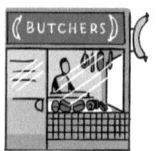

mchinjaji

dyqan mishi

BAKERY

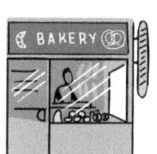

mwokaji

furrë buke

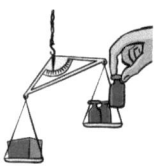

uzito

peshoj

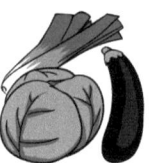

mboga

perime

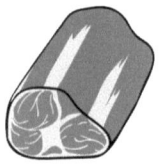

nyama

mish

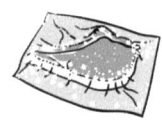

chakula waliohifadhiwa

ushqim i ngrirë

vipande vya nyama baridi

copë

chakula cha kopo

ushqim i konservuar

sabuni ya unga

pluhur larës

pipi

ëmbëlsirat

bidhaa za kaya

prodhime shtëpie

bidhaa za kusafisha

produkte pastrimi

mtu mauzo

shitëse

mpaka

kasë fiskale

keshia

arkëtar

orodha ya manunuzi

listë blerjeje

masaa ya ufunguzi

oraret e punës

mkoba

portofol

kadi

kartë krediti

mfuko

çantë

mfuko wa plastiki

qese plastike

maji

ujë

sharubati

lëng frutash

maziwa

qumësht

coke

koka-kola

mvinyo

verë

bia

birrë

pombe

alkool

kakao

kakao

chai

çaj

kahawa

kafe

spreso

kafe ekspres

kapuchino

kapuçino

ndizi

banane

tufaha

mollë

machungwa

portokalle

tikiti

pjepër

lemon

limon

karoti

karrotë

kitunguu saumu

hudhër

mianzi

bambu

kitunguu

qepë

uyoga

kërpudha

karanga

arra

nudo

makarona

spageti

spageti

mpunga

oriz

saladi

sallatë

vibanzi

patate të skuqura

viazi vya kukaanga

patate të skuqura

piza

pica

hambaga

hamburger

sandwichi

sanduiç

kipande

shnicel

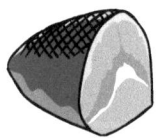

paja la mnyama

proshutë

salami

sallam

soseji

salçiçe

kuku

pulë

choma

skuq

samaki

peshk

oats ya uji

tërshërë

muesli

drithëra

cornflakes

kornfleiks

unga

miell

kroisanti

kruasant

andazi

panine

mkate

bukë

mkate wa kubanika

tost

biskuti

biskotë

siagi

gjalp

maziwa mgando

gjizë

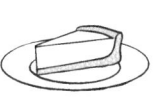

keki

tortë

yai

vezë

yai kukaanga

vezë sy

jibini

djathë

chakula - ushqim

aiskrimu

akullore

sukari

sheqer

asali

mjaltë

jemu

marmaladë

kuenea kwa chokoleti

çokokrem

mchuzi wa viungo

këri

shamba

fermë

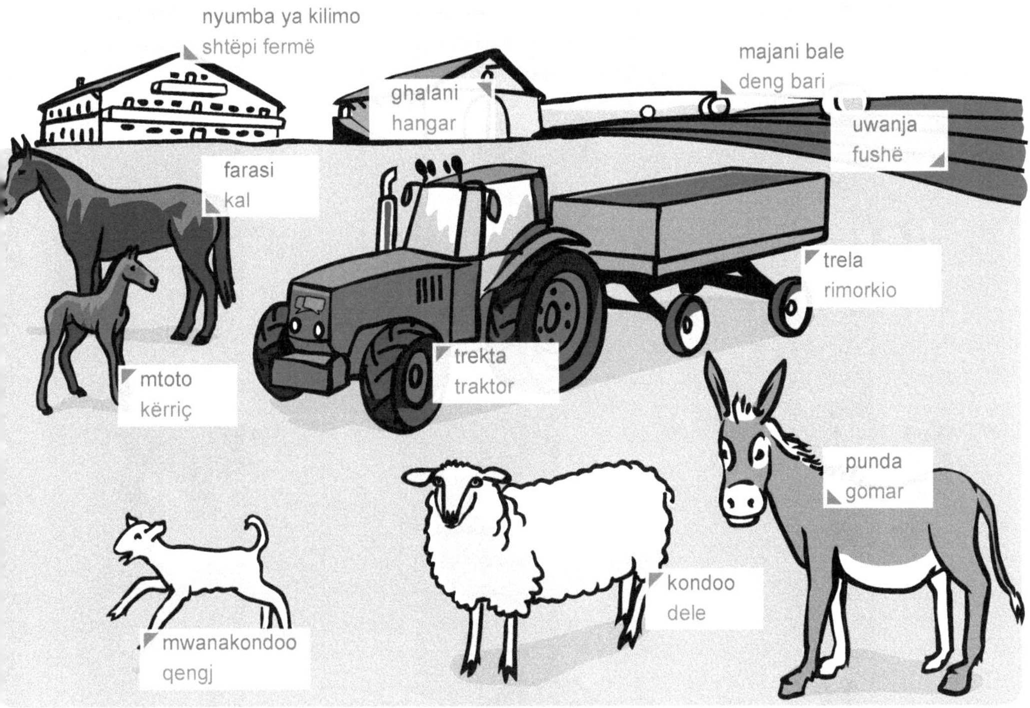
nyumba ya kilimo
shtëpi fermë
ghalani
hangar
majani bale
deng bari
uwanja
fushë
farasi
kal
trela
rimorkio
trekta
traktor
mtoto
kërriç
punda
gomar
kondoo
dele
mwanakondoo
qengj

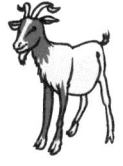

mbuzi

dhi

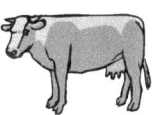

ng'ombe

lopë

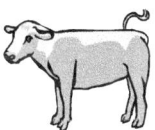

ndama

viç

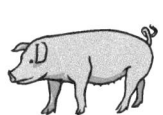

nguruwe

derr

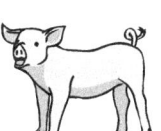

mwananguruwe

derrkuc

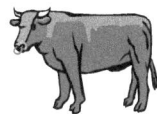

fahali

dem

batabukini

patë

bata

rosë

kifaranga

zog pule

kuku

pulë

jogoo

gjel

panya

mi

paka

mace

panya

mi

ng'ombe

buall

mbwa

qen

nyumba ya mbwa

kolibe qeni

bomba la bustani

zorrë vaditëse

debe la kumwagilia maji

vaditëse

fyekeo

kosë

kulima

plug

mundu

drapër

jembe

shat

uma wa nyasi

kosa

shoka

sëpatë

toroli

karrocë

kupitia nyimbo

govatë

chombo cha maziwa

bidon qumështi

gunia

thes

ua

gardh

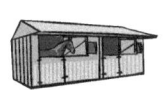

imara

ahur

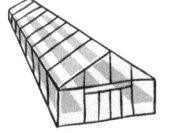

chafu

serë

udongo

dhe

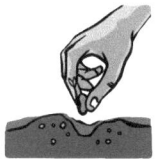

mbegu

farë

mbolea

pleh

kivunaji

autokombanjë

mavuno

korr

mavuno

te korrat

viazi vikuu

patate e ëmbël "Yam"

ngano

grurë

soya

soja

viazi

patate

mahindi

misër

rapa

raps

mti wa matunda

pemë frutore

muhogo

zhardhok manioku

nafaka

drithëra

nyumba
shtëpi

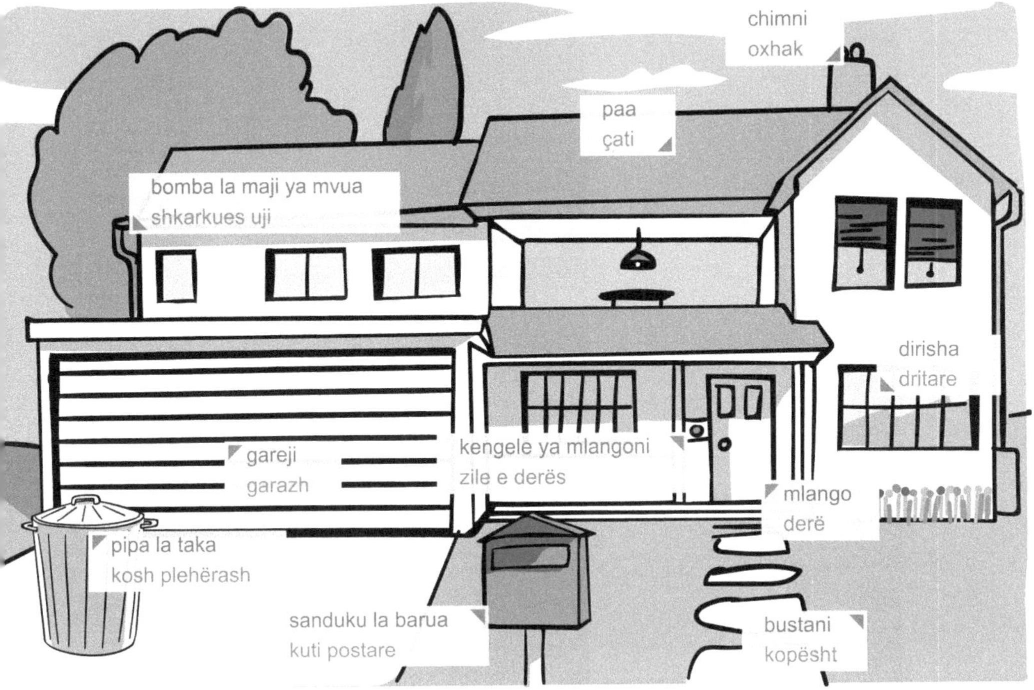

chimni
oxhak
paa
çati
bomba la maji ya mvua
shkarkues uji
dirisha
dritare
kengele ya mlangoni
zile e derës
gareji
garazh
mlango
derë
pipa la taka
kosh plehërash
sanduku la barua
kuti postare
bustani
kopësht

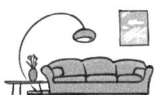

sebuleni

dhomë ndenjeje

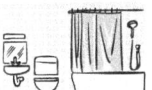

bafu

tualet

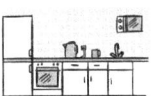

jikoni

kuzhinë

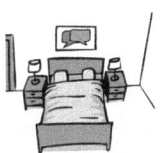

chumba cha kulala

dhomë gjumi

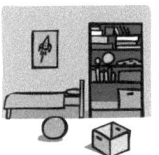

chumba ya mtoto

dhomë fëmijësh

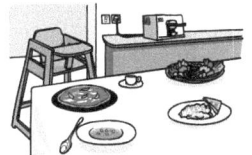

chumba cha kulia

dhomë ngrënieje

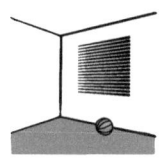

sakafu

dysheme

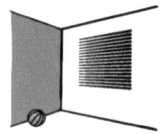

ukuta

mur

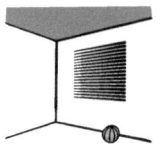

dari

tavan

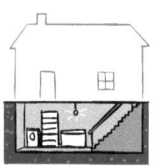

pishi

bodrum

sauna

sauna

roshani

ballkon

mtaro

tarracë

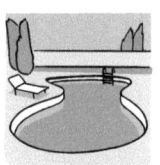

kidimbwi

pishinë

mashine ya kukata nyasi

kositëse bari

karatasi

çarçaf

kitambaa cha kupamba
kitanda

kuvertë

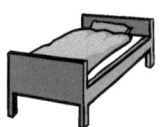

kitanda

krevat

ufagio

fshesë dore

ndoo

kovë

kubadili

çelës

dhomë ndenjeje

mandhari
tapiceri
picha
fotografi
taa
llambë
rafu
raft
kabati
dollap
televisheni/runinga
pajisje televizive
mekoni
vatër
ua
lule
mto
jastëk
sofa
divan
chombo cha maua
vazo
kitenzambali
telekomandë

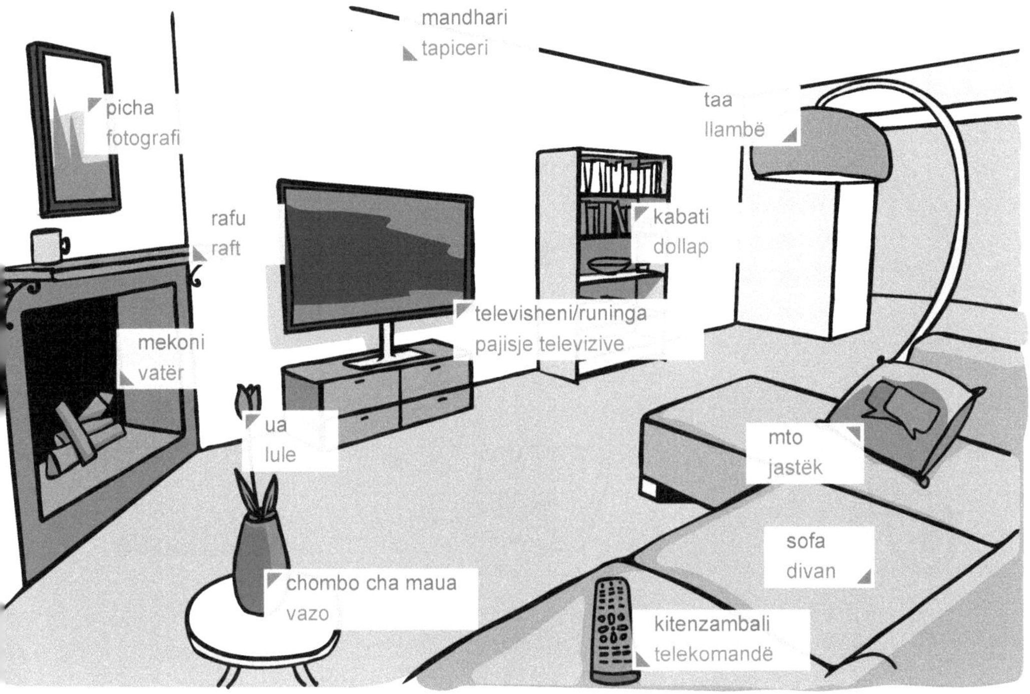

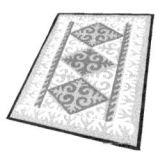

zulia

qilim

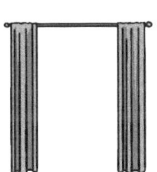

pazia

perde

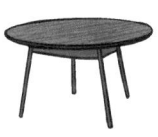

meza

tavolinë

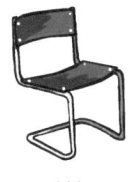

kiti

karrige

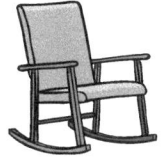

kiti cha bembea

karrige lëkundëse

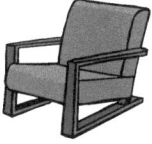

armchair

kolltuk

kitabu

libri

blanketi

batanije

mapambo

zbukurime

kuni

dru zjarri

filamu

film

kifaa cha hi-fi

stereo

ufunguo

çelës

gazeti

gazetë

uchoraji

pikturë

bango

afishe

redio

radio

daftari

bllok shënimesh

kifyonza

fshesë me korent

dungusi kakati

kaktus

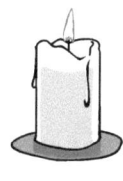

mshumaa

qiri

jikoni
kuzhinë

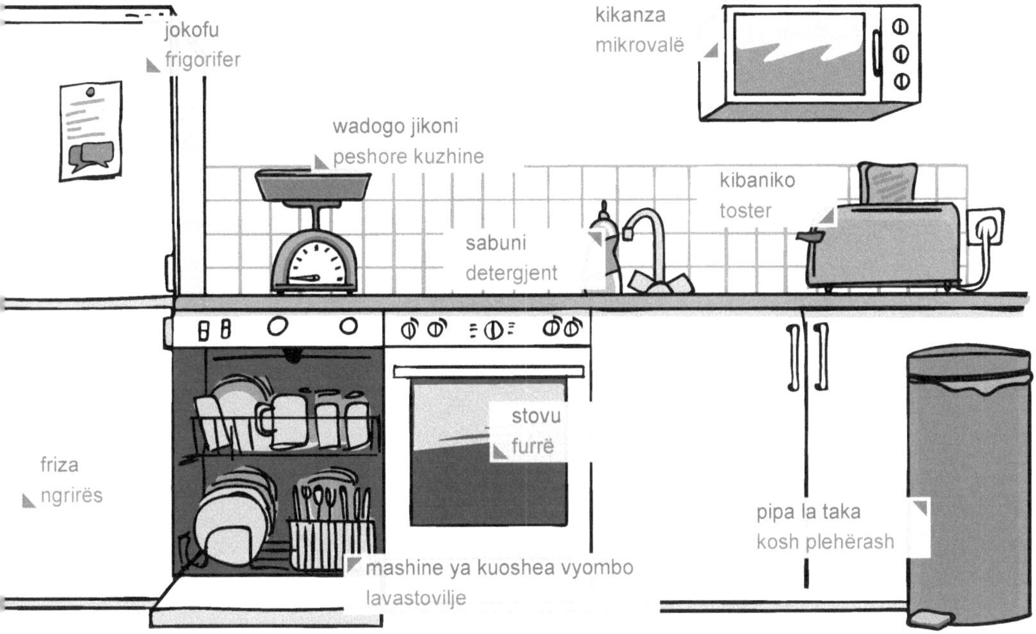
jokofu
frigorifer
kikanza
mikrovalë
wadogo jikoni
peshore kuzhine
kibaniko
toster
sabuni
detergjent
stovu
furrë
friza
ngrirës
pipa la taka
kosh plehërash
mashine ya kuoshea vyombo
lavastovilje

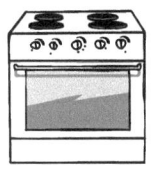

jiko la kupika

sobë

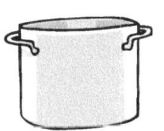

chungu

tenxhere

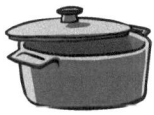

sufuria ya chuma

tenxhere me kapak

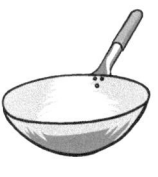

wok / kadai

tigan special (Wok)

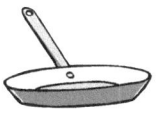

kaango

tigan

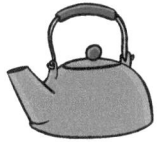

birika

çajnik

stima

tenxhere me avull

sinia ya kuoka

tavë pjekjeje

vyombo vya udongo

enë

kombe

filxhan

bakuli

tas

vijiti vya kulia

shkopinj

ukawa

garuzhde

mwiko mpana

spatul

burashi

tel kuzhine

kichujio

kulluese

chujio

sitë

mbuzi

rende

chokaa

havan

barbeque

skarë

moto wazi

zjarr

ubao wa majaribio

dërrasë për prerje

kijiti cha kusukuma unga

okllai

kizibuo

heqëse tapash

kopo

kanaçe

inaweza kopo

hapëse kanaçeje

kishikio cha chungu

rrobë për të kapur tenxheren

karo

lavaman

brashi

furçë

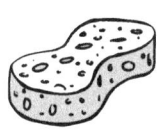

sifongo

sfungjer

kisagaji matunda

përzjerës

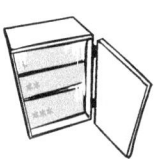

friji ya kina

ngrirës

chupa ya mtoto

biberon për lëngje

bomba

rubinet

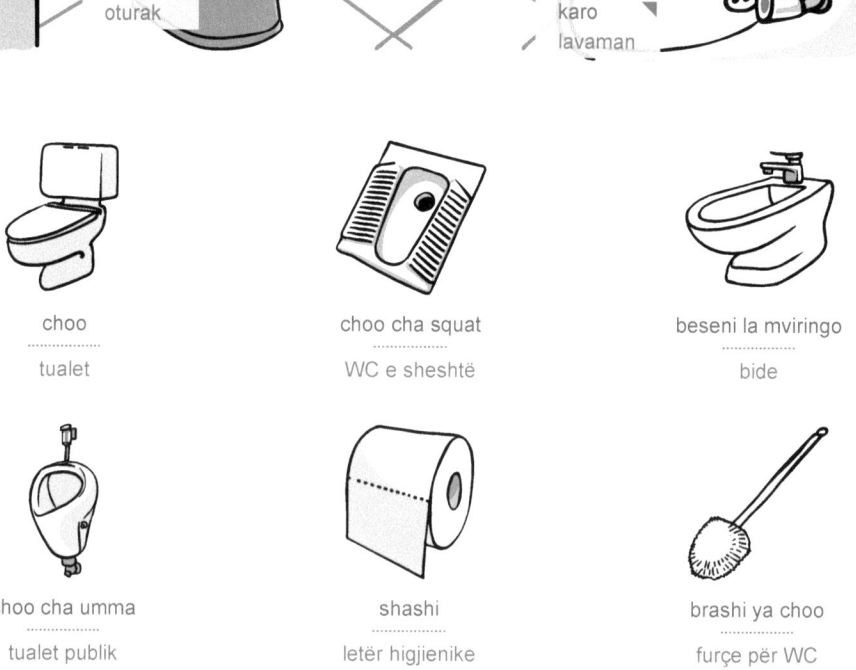

bafu
tualet

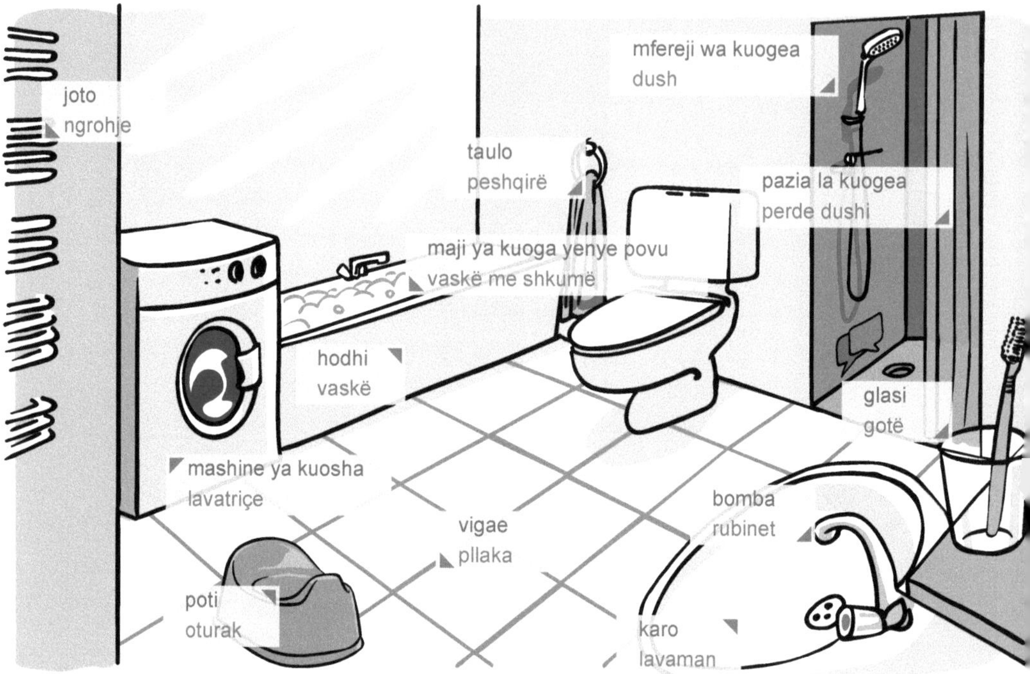
joto
ngrohje
mfereji wa kuogea
dush
taulo
peshqirë
pazia la kuogea
perde dushi
maji ya kuoga yenye povu
vaskë me shkumë
hodhi
vaskë
glasi
gotë
mashine ya kuosha
lavatriçe
bomba
rubinet
vigae
pllaka
poti
oturak
karo
lavaman

choo

tualet

choo cha squat

WC e sheshtë

beseni la mviringo

bide

choo cha umma

tualet publik

shashi

letër higjienike

brashi ya choo

furçe për WC

mswaki

furçë dhëmbësh

dawa ya meno

pastë dhëmbësh

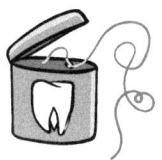

dawa ya meno

fije dentare

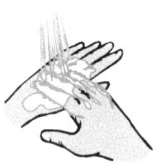

safisha

laj

kuoga mkono

dorezë dushi

msukumo wa maji

larës për zonën intime

bonde

legen

mpako wa pili

furçë për masazh shpine

sabuni

sapun

jeli ya kuogea

shampo trupi

shampuu

shampo

flana

leckë pastruese

toa maji

kullues

krimu

krem

kiondoa harufu

antidjersë

kioo

pasqyrë

kioo mkono

pasqyrë dore

kinyozi

brisk rroje

povu la kunyoa

shkumë rroje

baada ya kunyoa

locion pas rrojes

kichana

krehër

brashi

furçë

kikausha nywele

tharëse flokësh

marashi ya nyewele

llak për flokët

vipodozi

grim

kidomwa

buzëkuq

varnish ya msumari

manikyr

pamba

mbushje pambuku

mkasi wa kucha

gërshërë për thonj

manukato

parfum

mkoba wa kuosha

çantë për sendet personale

kinyesi

Stol

mizani

peshore

nguo ya kuoga

robëdëshambër

glavu za mpira

dorashka gome

kisodo

tampon

sodo

peceta higjienike

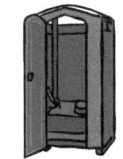

kemikali choo

tualet I lëvizshëm

chumba ya mtoto

dhomë fëmijësh

saa ya kengele
orë me zile
kidoli cha kupakata
lodra me pellushë
gari bandia
makinë lodër
kelele
rraketake
chumba cha midoli
shtëpi kukullash
sasa
dhuratë

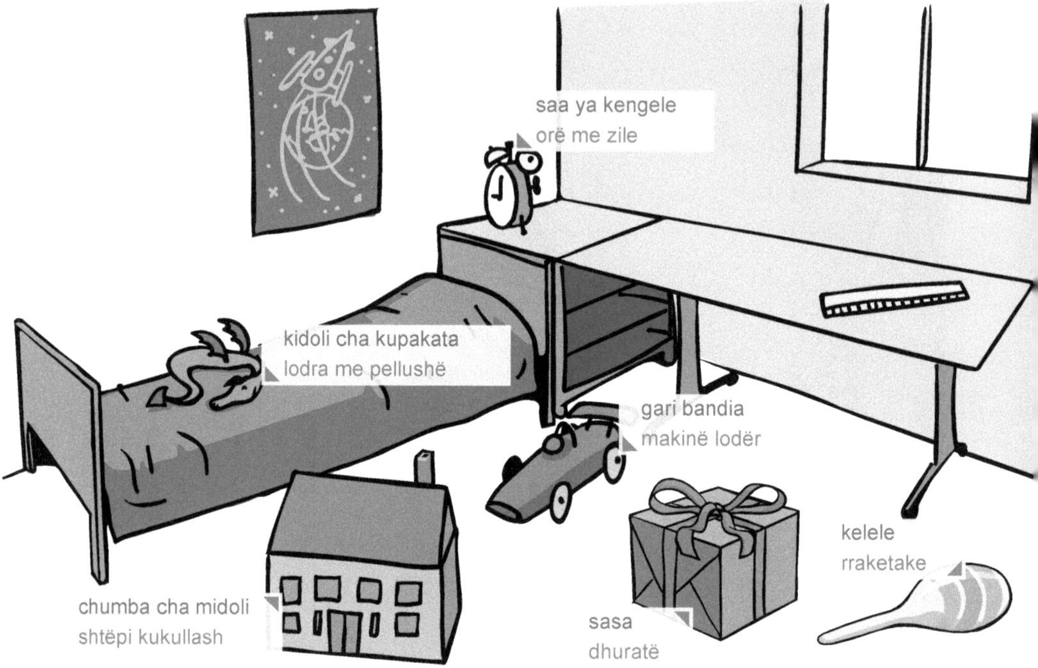

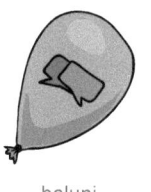

baluni

tollumbace

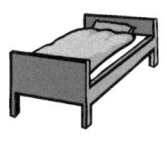

kitanda

krevat

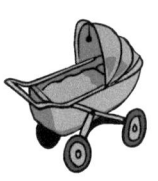

mashua

karrocë fëmijësh

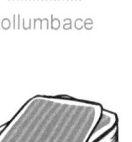

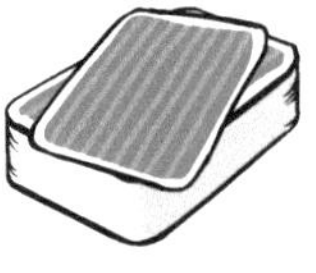

staha ya kadi

lojë me letra

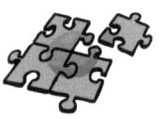

mchezo-fumb

bashkim pjesësh me figura

SUPER MEGA

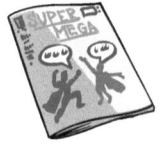

vichekesho

komik

matofali lego

formuese lodër

vitalu mwigo

kuba plastikë

hatua takwimu

lodra

suti ya kulalia

badi

kisahani

frizbi

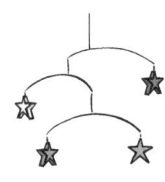

simu

lodra të varura tek krevati i
fëmijëve

ubao wa michezo

tavolinë lojërash

kete

zare

garimoshi mwigo

model treni

dummy

biberon

chama

festë

picha kitabu

libër me ilustrime

mpira

top

kikaragosi

kukull

kucheza

luaj

shimo la mchanga

grumbull rëre

bembea

kolovarëse

vitu bandia

lodra

kiweko cha video ya mchezo

leva për lojra video

baiskeli ya magurudumu

triçikël

matatu

mwanasesere

arush prej pellushi

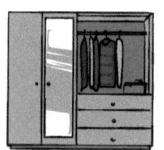

kabati

garderobë

nguo

veshje

soksi

çorape

stokingi

çorape të gjata

kibano

geta

skafu
shall

mwavuli
çadër

fulana
bluzë pa jakë

ukanda
rrip

viatu
çizme

ndara
pantofla

wakufunzi
atlete

malapa
sandale

viatu
këpucë

mabuti ya mpira
çizme llastiku

suruali ya ndani
të mbathura

sidiria
reçipeta

fulana
kanotierë

mwili
trup

suruali
pantallona

dangirizi
xhinse

sketi
fund

blauzi
bluzë

shati
këmishë

vuta
pulovër

sweta
triko

bleza
xhaketë

jaketi
xhaketë

koti
pallto

koti la mvua
mushama shiu

maleba
kostum

gauni
fustan

mavazi ya harusi
fustan nusërie

suti

kostum

vazi la usiku

këmishë nate

pajama

pizhama

sari

sari (veshje tradicionale indiane)

skafu

shami koke

kilemba

çallmë

burka

veshje për femrat e besimit musliman

kaftan

kaftan (lloj veshjeje tradicionale)

abaya

ferexhe

vazi la kuogelea

kostum banje

vazi la kiume la kuogelea

rroba banje

kaptura

pantallona të shkurtra

teitei

tuta sporti

aproni

përparëse

glavu

dorashka

kifungo

kopsë

glasi

syze

bangili

byzylyk

mkufu

gjerdan

pete

unazë

herini

vath

kofia

kapuç

kiango cha koti

varëse për pallto

kofia

kapele

tai

kravatë

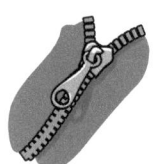

zipu

zinxhir

kofia

helmetë

kanda za suruali

tiranda

sare za shule

uniformë shkolle

sare

uniformë

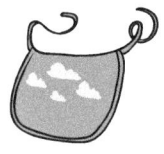

bibu

gushore

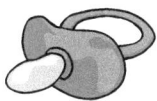

dummy

biberon

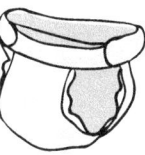

nepi

pelenë

ofisi

zyrë

seva
server
kabati la kuweka faili
skedar
kichapishaji
printer
karatasi
letër
kiwambo
ekran
dawati
tavolinë
kipanya
maus
folda
dosje
kibodi
tastierë
u cha kuweka karatasi chafu
letrash
kiti
karrige
kompyuta
kompjuter

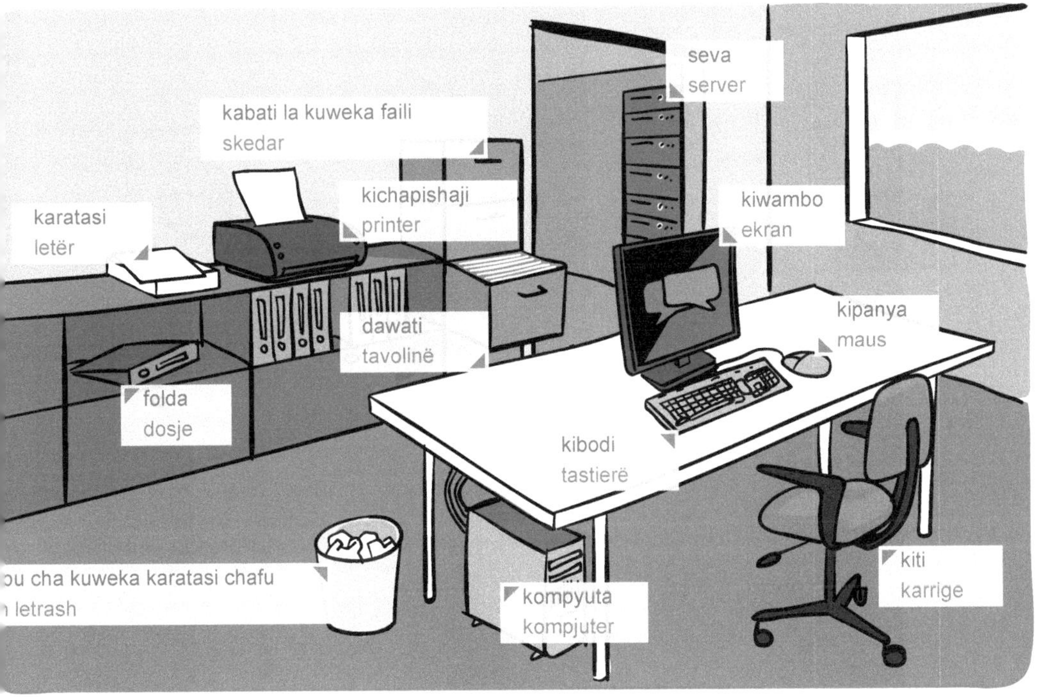

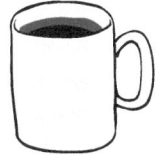

kmobe la kahawa

filxhan kafeje

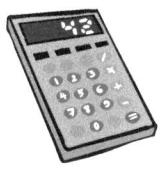

kikokotoo

makinë llogaritëse

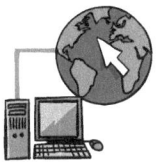

biashara

internet

mbali

kompjuter portativ

barua

letër

ujumbe

mesazh

rununu

telefon

intaneti

rrjet

fotokopia

fotokopje

programu

program

simu

telefon

soketi

prizë

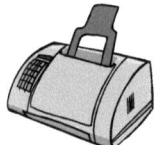

kipepesi

pajisje faksi

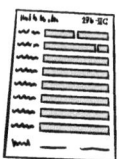

fomu

formular

hati

dokument

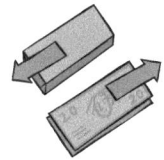

kununua

blej

kulipa

paguaj

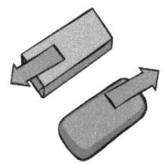

biashara

tregtoj

fedha

para

dola

dollar

yuro

euro

yeni

jen

rouble

rubla

faranga ya Uswisi

franga zvicerane

renminbi yuan

juani kinez

rupia

rupje

eneo la kulipia

bankomat

ofisi ya ubadilishanaji

pikë këmbimi valutor

dhahabu

ar

fedha

argjend

mafuta

nafta

nishati

energji

bei

çmim

mkataba

kontratë

kodi

taksë

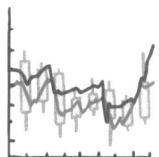

bidhaa

aksione

kazi

punoj

mfanyakazi

punonjës

mwajiri

punëdhënës

kiwanda

fabrikë

duka

dyqan

kazi
profesionet

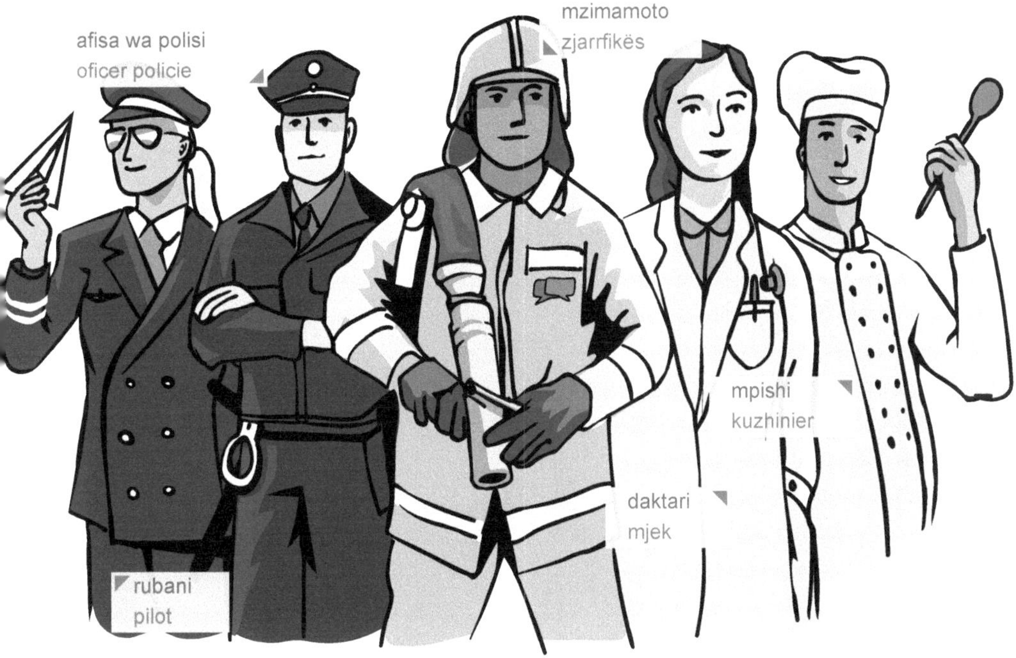

mzimamoto
zjarrfikës
afisa wa polisi
oficer policie
mpishi
kuzhinier
daktari
mjek
rubani
pilot

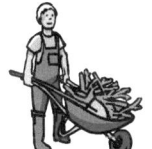

mtunza bustani

kopshtar

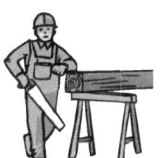

seremala

marangoz

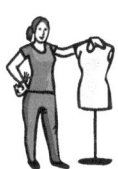

mshonaji

rrobaqepëse

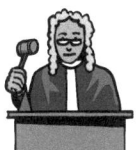

hakimu

gjykatës

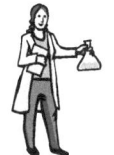

mwanakemia

kimist

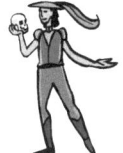

muigizaji

aktor

dereva wa basi

shofer autobuzi

dereva wa teksi

taksist

mvuvi

peshkatar

mwanamke wa kusafisha

pastruese

mwezekaji

riparues çatish

mhudumu

kamarier

mwindaji

gjuetar

mchoraji

piktor

mwokaji

furrxhi

umeme

elektriçist

mjenzi

ndërtues

mhandisi

inxhinier

mchinjaji

kasap

fundi bomba

hidraulik

mwanaposta

postieri

mwanajeshi

ushtar

msanifu majengo

arkitekt

keshia

arkëtar

muuza maua

luleshitës

msusi

berber

kondakta

kontrollor

mekanika

mekanik

nahodha

kapiten

daktari wa meno

dentist

mwanasayansi

shkencëtar

rabbi

rabin

imamu

imam

mtawa

murg

kasisi

klerik

zana
mjete

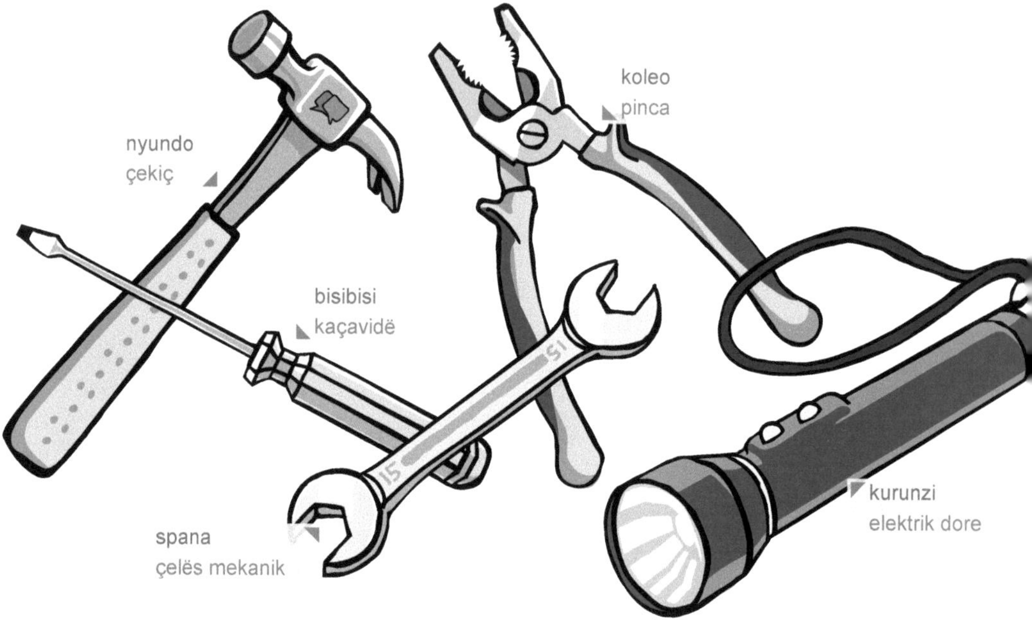
koleo
pinca
nyundo
çekiç
bisibisi
kaçavidë
kurunzi
elektrik dore
spana
çelës mekanik

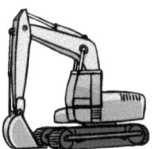

mchimbaji
ekskavator

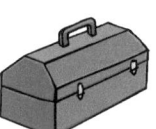

sanduku la vifaa
kuti veglash

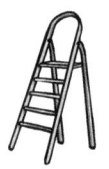

ngazi
shkallë

msumeno
sharrë

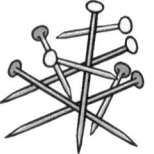

misumari
gozhdë

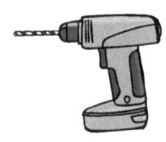

kuchimba visima
trapan

kukarabati

riparoj

sepetu

lopatë

Lo!

Dreq!

kishikio cha uchafu

kaci

chungu cha rangi

kuti boje

skurubu

vidhë

ala za muziki

instrumenta muzikorë

mpangilio wa ngoma
bateri

spika
altoparlant

gita
kitare

besi mara mbili
kontrabas

tarumbeta
trompë

piano

piano

fidla

violinë

ubeji

bas

timpani

tamburë

ngoma

daulle

kibodi

tastierë pianoje

saksafoni

saksofon

filimbi

flaut

maikrofoni

mikrofon

bustani ya wanyama
kopsht zoologjik

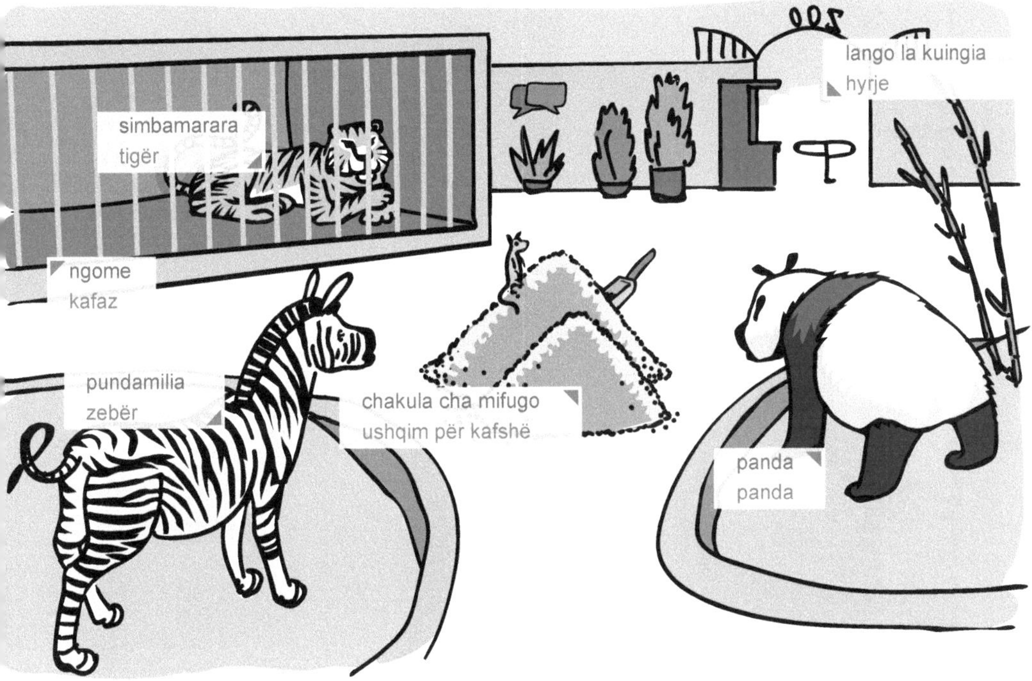
lango la kuingia
hyrje
simbamarara
tigër
ngome
kafaz
pundamilia
zebër
chakula cha mifugo
ushqim për kafshë
panda
panda

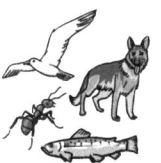

wanyama
kafshë

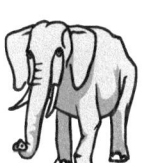

tembo
elefant

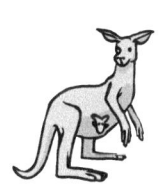

kangaruu
kangur

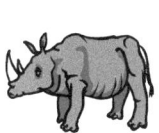

kifaru
rinoceront

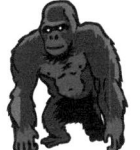

sokwe
gorillë

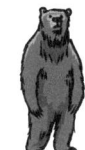

dubu
ari

ngamia

deve

mbuni

struc

simba

luan

tumbili

majmun

heroe

flamingo

kasuku

papagall

dubu

ari polar

penguini

pinguin

papa

peshkaqen

tausi

pallua

nyoka

gjarpër

mamba

krokodil

mtunza wanyama

punonjës i kopshtit zoologjik

muhuri

fokë

jaguar

xhaguar

mwanafarasi

poni

chui

leopard

kiboko

hipopotam

twiga

gjirafë

tai

shqiponjë

nguruwe mwitu

derr i egër

samaki

peshk

kobe

breshkë

sili

lopë deti

mbweha

dhelpër

paa

gazelë

soka ya marekani
futboll amerikan

uendeshaji baiskeli
çiklizëm

tenisi
tenis

mpira wa kikapu
basketboll

kuogelea
not

ndondi
boks

magongo ya barafuni
hokej mbi akull

soka
futboll

vinyoya
badminton

riadha
atletikë

mpira wa mikono
hendboll

skii
ski

polo
polo

shughuli
aktivitet

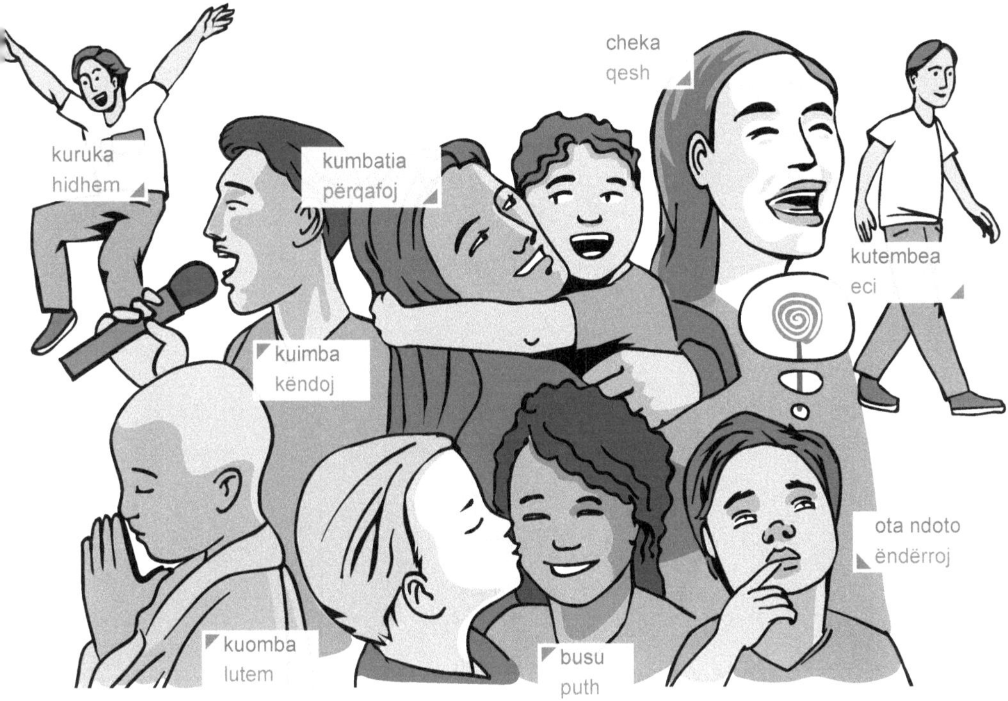

kuruka
hidhem
kumbatia
përqafoj
cheka
qesh
kutembea
eci
kuimba
këndoj
ota ndoto
ëndërroj
kuomba
lutem
busu
puth

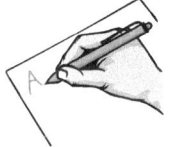

kuandika

shkruaj

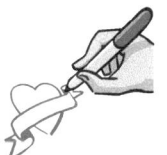

kuteka

vizatoj

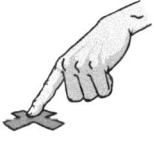

angalia

tregoj

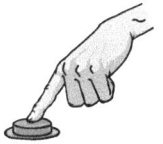

sukuma

shtyj

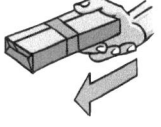

kutoa

jap

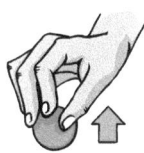

kuchukua

marr

kuwa

kam

fanya

bëj

kuwa

jam

kusimama

qëndroj

kukimbia

vrapoj

vuta

tërheq

kutupa

hedh

kuanguka

bie

hadaa

shtrihem

kusubiri

pres

kubeba

mbaj

kukaa

ulem

vaa nguo

vishem

usingizi

fle

kuamka

zgjohem

shughuli - aktivitet

kuangalia

shikoj

lia

qaj

kiharusi

përkëdhel

chana nywele

kreh

ongea

bisedoj

kuelewa

kuptoj

kuuliza

kërkoj

kusikiliza

dëgjoj

kunywa

pi

kula

ha

nadhifisha

sistemoj

upcndo

dashuroj

mpishi

gatuaj

gari

drejtoj makinën

kuruka

fluturoj

shughuli - aktivitet

meli
lundroj

kokotoa
llogaris

kusoma
lexoj

kujifunza
mësoj

kazi
punoj

kuoa
martohem

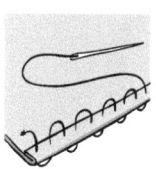

kushona
qep

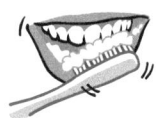

piga mswaki
laj dhëmbët

kuua
vras

moshi
tymos

kutuma
dërgoj

familia
familje

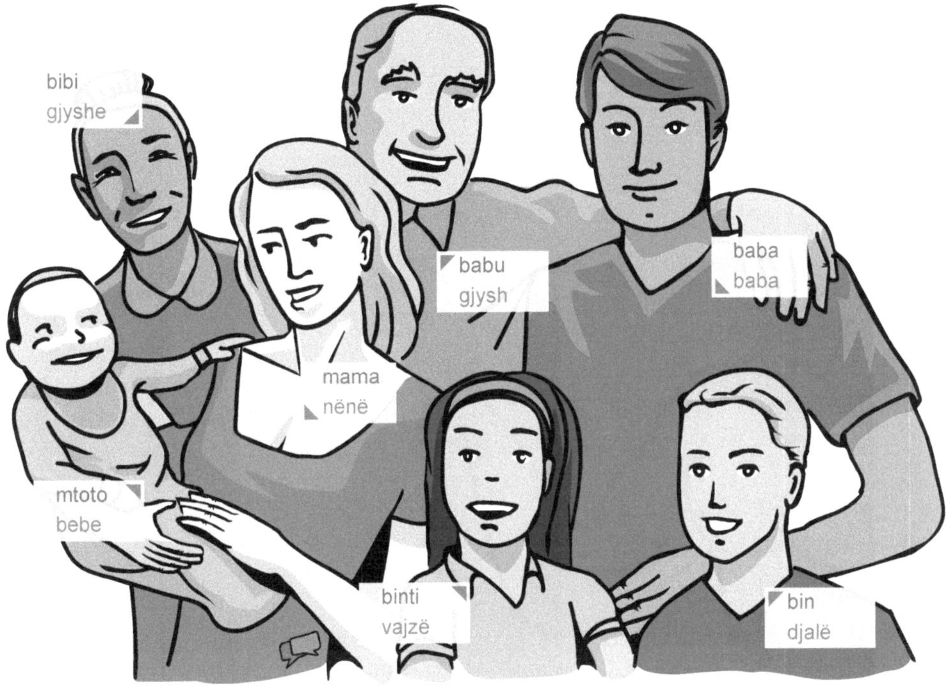
bibi
gjyshe
babu
gjysh
baba
baba
mama
nënë
mtoto
bebe
binti
vajzë
bin
djalë

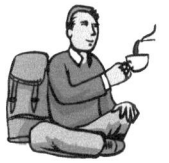

mgeni
mysafir

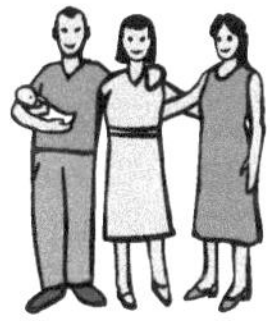

shangazi
teze, hallë

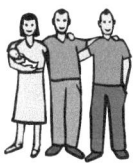

mjomba
dajë, xhaxha

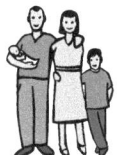

kaka
vëlla

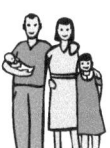

dada
motër

mwili

trupi

paji la uso
balli
jicho
syri
bega
shpatulla
kidole
gishti
uso
fytyra
kidevu
mjekra
mkono
dora
mguu
këmba
matiti
krahërori
mkono
krahu

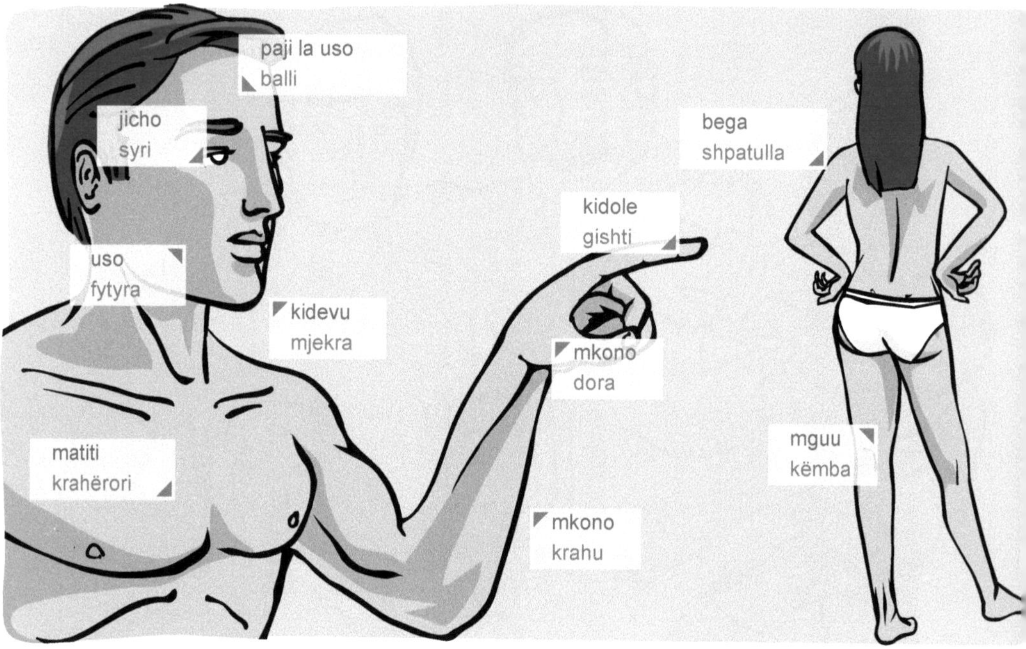

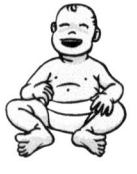

mtoto

bebe

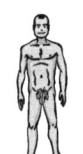

mwanamume

burrë

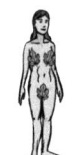

mwanamke

grua

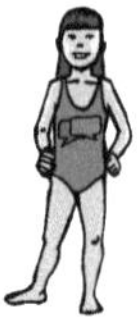

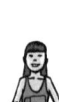

msichana

vajzë

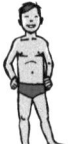

mvulana

djalë

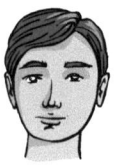

kichwa

koka

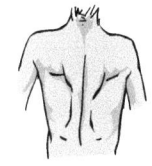

nyuma

shpina

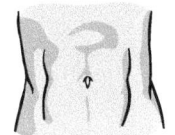

tumbo

barku

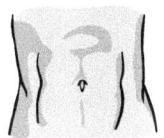

kitovu

kërthiza

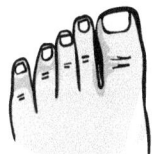

chano

gisht këmbe

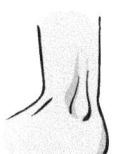

kisigino

Thembra

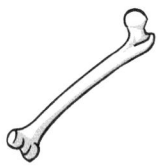

mfupa

kockë

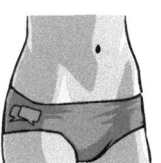

nyonga

legeni

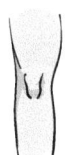

goti

gjuri

kiwiko

bërryli

pua

hunda

chini

vithe

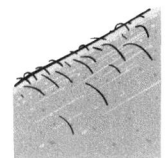

ngozi

lëkura

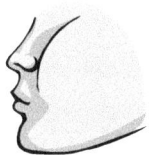

shavu

faqja

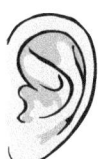

sikio

veshi

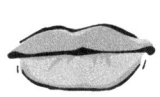

mdomo

buza

kinywa
goja

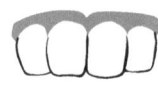

jino
dhëmbët

ulimi
gjuha

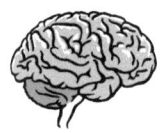

ubongo
truri

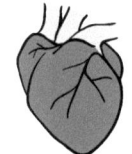

moyo
zemra

misuli
muskul

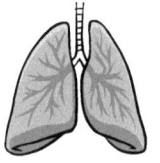

pafu
mushkëria

ini
mëlçia

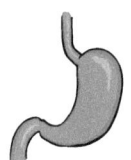

tumbo
stomaku

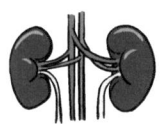

figo
veshka

jinsia
seks

kondomu
prezervativ

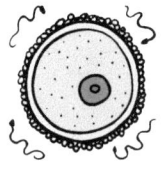

ovari
veza

shahawa
sperma

mimba
shtatëzani

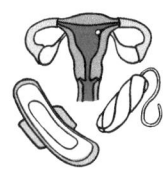

hedhi
menstruacione

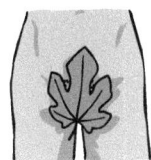

uke
vagina

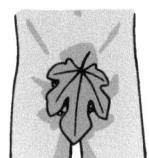

uume
penis

unyusi
vetulla

nywele
flokët

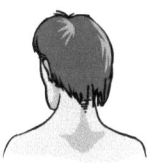

shingo
qafa

hospitali
spital

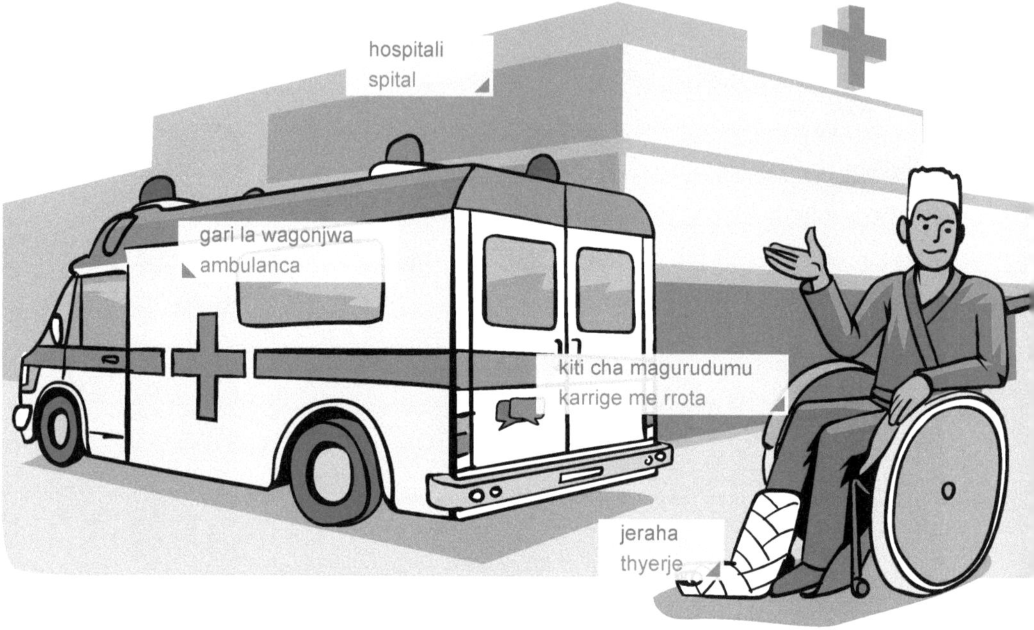

hospitali
spital
gari la wagonjwa
ambulanca
kiti cha magurudumu
karrige me rrota
jeraha
thyerje

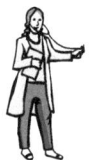

daktari
mjek

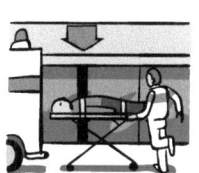

chumba cha dharura
sallë urgjencash

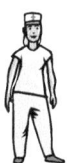

muuguzi
infermiere

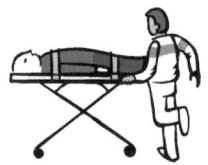

dharura
emergjencë

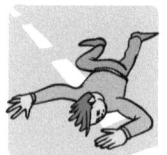

kupoteza fahamu
i pandërgjegjshëm

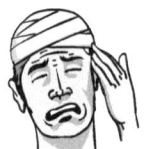

maumivu
dhimbje

kuumia

dëmtim

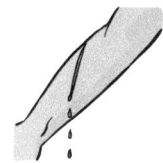

kutokwa na damu

gjakosje

mshtuko wa moyo

infarkt

kiharusi

goditje

mzio

alergji

kikohozi

kolla

homa

ethe

mafua

grip

kuharisha

diarre

maumivu ya kichwa

dhimbje koke

kansa

kancer

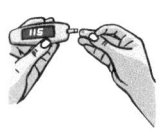

ugonjwa wa kisukari

diabet

daktari mpasuaji

kirurg

kisu kidogo cha kupasulia

bisturi

operesheni

operacion

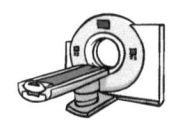

picha changanufu ya mwili

CT (skaner)

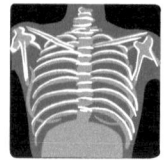

Eksrei

radiografi

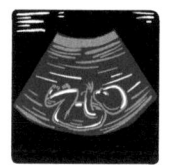

mawimbi sauti

ultratingull

barakoa ya uso

maskë fytyre

ugonjwa

sëmundje

chumba cha kusubiri

dhomë pritjeje

mkongojo

paterica

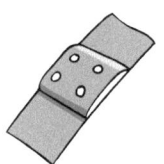

plasta

leukoplast

bendeji

fasho

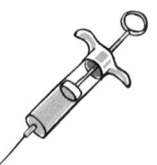

sindano

injeksion

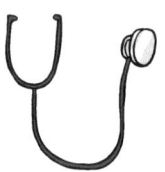

stetoskopu

stetoskop

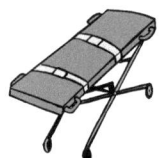

machela

barelë

kipimajoto cha kliniki

termometër

kuzaliwa

lindje

unene kupita kiasi

mbipeshë

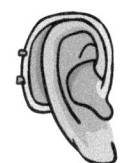

kusikia misaada

aparat dëgjimi

kipukusi

dezinfektant

maambukizi

infeksion

virusi

virus

VVU / UKIMWI

HIV / AIDS

dawa

mjekësi, mjekim

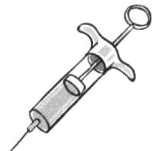

chanjo

vaksinim

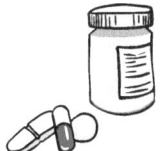

vidonge

tableta

kidonge

pilulë

simu ya dharura

telefonatë emergjence

haemodainamometa

aparat tensioni

mgonjwa / mwenye afya

i sëmurë / i shëndetshëm

Msaada!

Ndihmë!

kengele

alarm

pigo

sulm

shambulizi

atak

hatari

rrezik

lango la dharura

dalje emergjence

Moto!

Zjarr!

kizima moto

fikëse zjarri

ajali

aksident

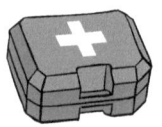

vifaa vya huduma ya kwanza

kuti e ndimës së shpejtë

wito wa msaada

SOS

polisi

policia

Ulaya

Europa

Amerika ya Kaskazini

Amerika e Veriut

Amerika ya Kusini

Amerika e Jugut

Afrika

Afrika

Asia

Azia

Australia

Australia

Atlantiki

Atlantiku

Pasifiki

Paqësori

Bahari ya Hindi

Oqeani Indian

Bahari ya Antaktiki

Oqeani Antarktik

Bahari ya Aktiki

Oqeani Arktik

Ncha ya Kaskazini

Poli i veriut

Ncha ya Kusini

Poli i Jugut

Antaktika

Antarktida

dunia

toka

nchi

tokë

bahari

det

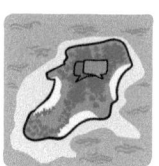

kisiwa

ishull

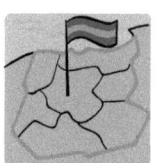

taifa

komb

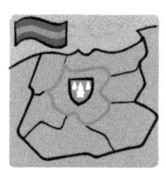

jimbo

shtet

uso wa saa

fusha e orës

akrabu ya saa

akrepi i orës

akrabu ya dakika

akrepi i minutave

akrabu ya sekunde

akrepi i sekondave

Ni saa ngapi?

Sa është ora?

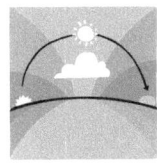

siku

ditë

wakati

kohë

sasa

tani

saa ya dijitali

orë dixhitale

dakika

minutë

saa

orë

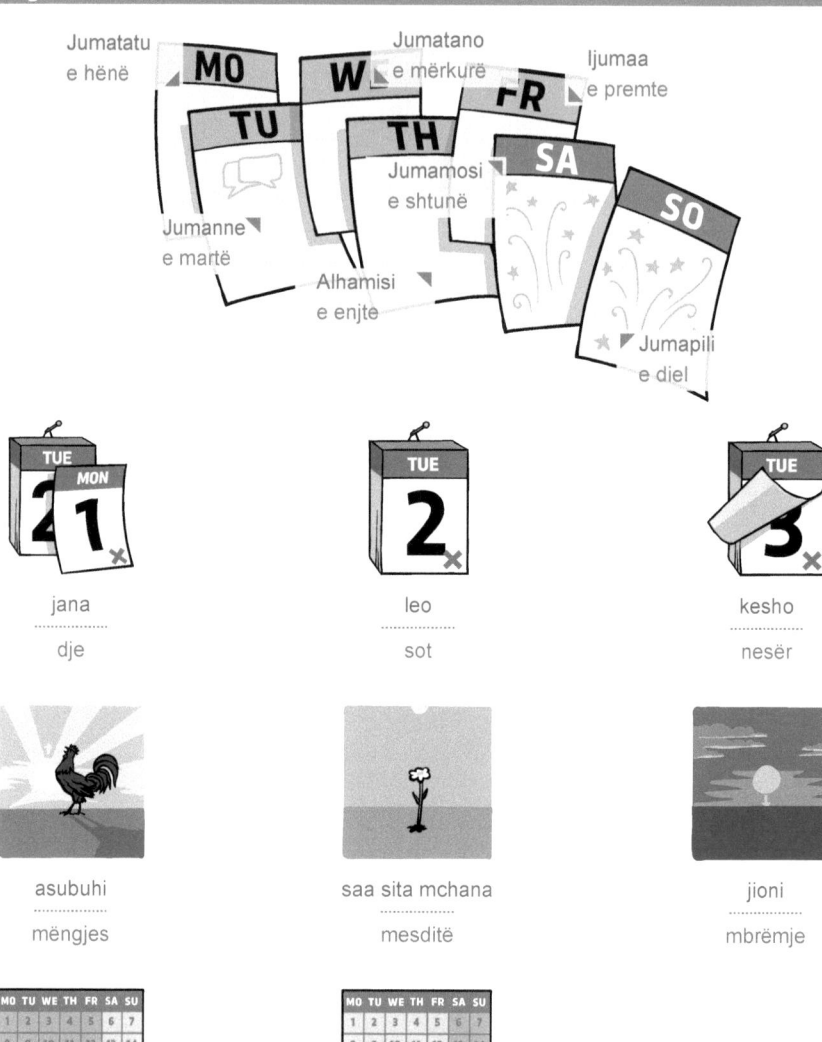

Jumatatu — e hënë
Jumatano — e mërkurë
Ijumaa — e premte
Jumanne — e martë
Jumamosi — e shtunë
Alhamisi — e enjte
Jumapili — e diel

jana
dje

leo
sot

kesho
nesër

asubuhi
mëngjes

saa sita mchana
mesditë

jioni
mbrëmje

siku za biashara
ditë pune

mwishoni mwa wiki
fundjavë

mvua
shi

upinde wa mvua
ylber

theluji
borë

upepo
erë

majira ya machipuko
pranverë

vuli
vjeshtë

kiangazi
verë

majira ya baridi
dimër

4. APRIL	11°
5. APRIL	4°
6. APRIL	13°
7. APRIL	8°
8. APRIL	10°

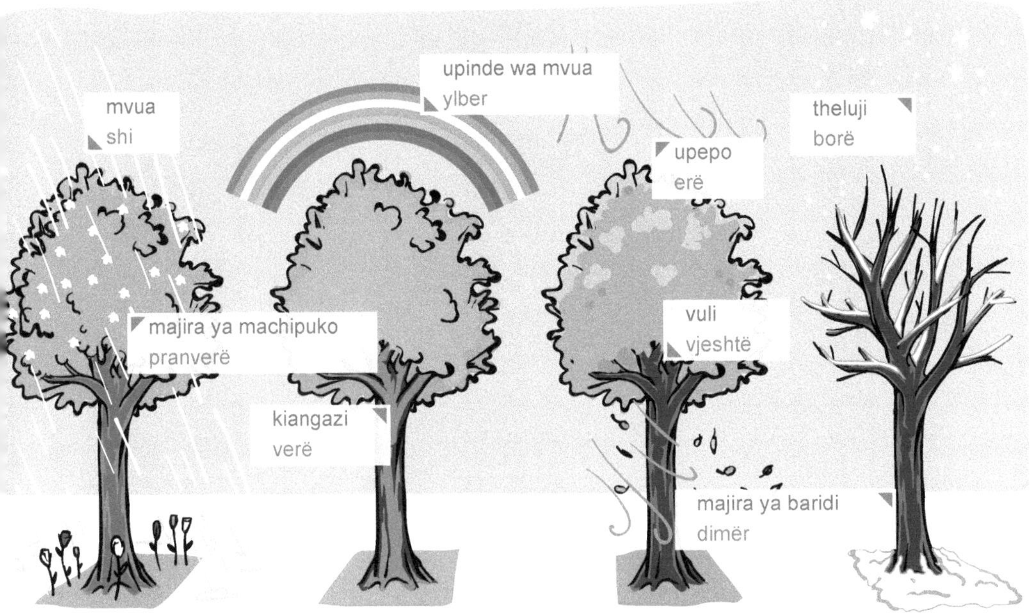

utabiri wa hali ya hewa

parashikimi i motit

kipimajoto

termometër

mwanga wa jua

ndriçim dielli

wingu

re

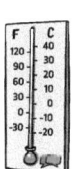

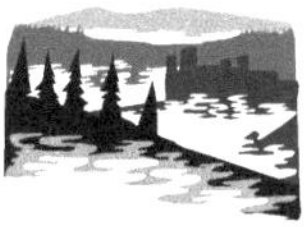

ukungu

mjegull

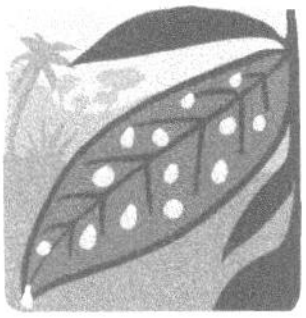

unyevu

lagështi

umeme

vetëtima

radi

gjëmim

dhoruba

stuhi

mvua ya mawe

breshër

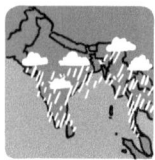

monsuni

muson

mafuriko

përmbytje

barafu

akull

Januari

janar

Februari

shkurt

Machi

mars

Aprili

prill

Mei

maj

Juni

qershor

Julai

korrik

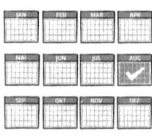

Agosti

gusht

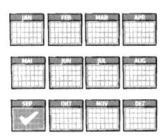

Septemba

shtator

Oktoba

tetor

Novemba

nëntor

Desemba

dhjetor

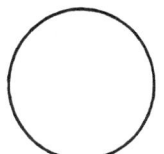

mduara

rreth

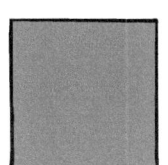

mraba

katror

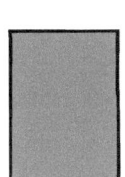

mstatili

drejtkëndësh

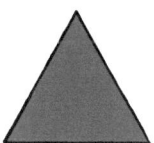

pembetatu

trekëndësh

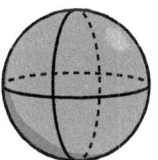

nyanja

sferë

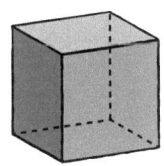

mchemraba

kub

nyeupe

e bardhë

manjano

e verdhë

chungwa

portokalli

rangi ya waridi

rozë

nyekundu

e kuqe

hudhurungi

vjollcë

bluu

blu

kijani

e gjelbër

hanja

kafe

jivujivu

gri

nyeusi

e zezë

mengi / kidogo

shumë / pak

hasira / pole

i nevrikosur / i qetë

nzuri / mbaya

i bukur / i shëmtuar

mwanzo / mwisho

fillim / fund

kubwa / ndogo

i madh / i vogël

angavu / giza

i ndritshëm / i errët

kaka / dada

vëlla / motër

safi / chafu

e pastër / e pistë

kamilika / tokamilika

e plotë / jo e plotë

siku / usiku

ditë / natë

wafu / hai

gjallë / vdekur

pana / nyembamba

i gjerë / i ngushtë

kulika / kutolika

i ngrënshëm / i
pangrënshëm

ovu / ema

i keq / i këndshëm

sisimkwa / udhika

i lumtur / i mërzitur

nene / nyembamba

i shëndoshë / i dobët

kwanza / mwisho

e para / e fundit

rafiki / adui

mik / armik

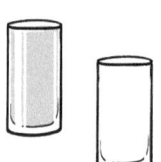

jaa / tupu

plot / bosh

ngumu / laini

e fortë / e butë

nzito / nyepesi

e rëndë / e lehtë

njaa / kiu

uri / etje

mgonjwa / mwenye afya

i sëmurë / i shëndetshëm

haramu / kisheria

e paligjshme / e ligjshme

akili / kijinga

i zgjuar / budalla

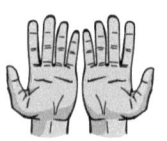

kushoto / kulia

majtas / djathtas

karibu / mbali

afër / larg

mpya / kutumika

e re / e përdorur

kitu / jambo

asgjë / diçka

zee / changa

i moshuar / i ri

waka / zima

ndezur / fikur

wazi / fungwa

hapur / mbyllur

utulivu / kelele

i qetë / i zhurmshëm

tajiri / masikini

i pasur / i varfër

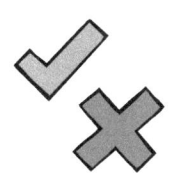

sahihi / kosa

e drejtë / e gabuar

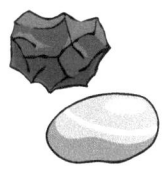

mbaya / laini

i ashpër / i butë

huzunika / furahia

i mërzitur / i lumtur

fupi /ndefu

i shkurtër / i gjatë

polepole / haraka

ngadalë / shpejt

nyevu / kavu

i lagësht / i thatë

joto / baridi

ngrohtë / fresket

vita / amani

luftë / paqe

0	**1**	**2**
sufuri	moja	mbili
zero	një	dy

3	**4**	**5**
tatu	nne	tano
tre	katër	pesë

6	**7**	**8**
sita	saba	nane
gjashtë	shtatë	tetë

9	**10**	**11**
tisa	kumi	kumi na moja
nentë	dhjetë	njëmbëdhjetë

12

kumi na mbili

dymbëdhjetë

13

kumi na tatu

trembëdhjetë

14

kumi na nne

katërmbëdhjetë

15

kumi na tano

pesëmbëdhjetë

16

kumi na sita

gjashtëmbëdhjetë

17

kumi na saba

shtatëmbëdhjetë

18

kumi na nane

tetëmbëdhjetë

19

kumi na tisa

nentëmbëdhjetë

20

ishirini

njëzetë

100

mia

qind

1.000

elfu

mijë

1.000.000

milioni

milion

Kiingereza

anglisht

Kiingereza cha Marekani

anglishte amerikane

Kimandarini cha Uchina

kinezisht mandarin

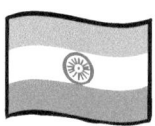

Kihindi

hindi

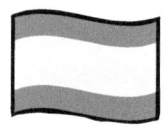

Kihispania

spanjisht

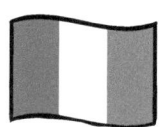

Kifaransa

frëngjisht

Kiarabu

arabisht

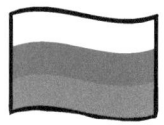

Kirusi

rusisht

Kireno

portugalisht

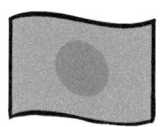

Kibengali

bengalisht

Kijerumani

gjermanisht

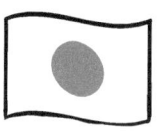

Kijapani

japonisht

mimi
une

wewe
ti

yeye / yeye / ni
ai / ajo

sisi
ne

wewe
ju

wao
ata

nani?
kush?

nini?
çfarë?

jinsi gani?
si?

wapi?
ku?

lini?
kur?

jina
emër

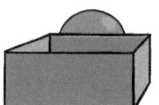

nyuma

pas

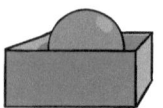

katika

në

mbele ya

përballë

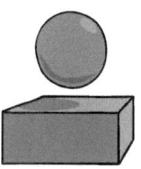

juu ya

sipër

kwenye

mbi

chini ya

poshtë

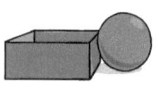

kando

pranë

kati

midis

mahali

vend